SOMBRERO DE NUBES

Arantxa Esteban López

COLECCIÓN ITES

SOMBRERO DE NUBES

© Arantxa Esteban López
© Corrección: Paloma Albarracín
© de esta edición: Olé Libros, 2025

ISBN: 979-13-87620-75-2
Depósito legal: V-4179-2025
Impreso en España

KALOSINI, S. L.
Grupo editorial olélibros
equipo@olelibros.com
www.olelibros.com

A mi hija Mar, siempre.
A mis hermanos: José Luís, Mariló y Javier.
A quienes me lean.

«¿Pues qué es lo que amas, extraordinario extranjero?
¡Amo las nubes..., las nubes que pasan... allá lejos...
las maravillosas nubes!».

CHARLES BAUDELAIRE

«Buscamos /
cada noche /
con esfuerzo, /
entre tierras pesadas y asfixiantes, /
ese liviano pájaro de luz /
que arde y se nos escapa /
en un gemido».

IDEA VILARIÑO

«Contempla arder las hebras de la luz y entra».

ANTONIO GAMONEDA

PRÓLOGO

Aquí tienes, lector, el libro *Sombrero de nubes* de Arantxa Esteban, una travesía a lo insondable, donde la luz y la sombra se dan la mano, y donde la palabra busca desvelar el sentido, elevar sus preguntas, entonar su oración, aunque nadie la escuche. La poesía es a menudo un viaje asombroso entre la niebla, buscando la claridad, también una batalla entre la palabra y el silencio, entre la muerte y la vida. Al leer, lentamente, los versos de esta poeta, he aceptado ir de su mano por el mismo camino, a no sé qué cumbres desde donde divisar lo lejano, lo frágil, lo remoto. *Sombrero de nubes* es un libro desnudo. Su austeridad expresiva apunta a la sencillez y la transparencia, persigue siempre un equilibrio entre lo contemplado y lo sentido. Versos que se preguntan y jamás responden, versos meditativos, fervor de la palabra. Poemas que poseen la elegancia de lo austero, y una retórica de lo esencial, honda raíz y rama desnuda para ser el árbol. Una sola canción que sobrevuela sobre la realidad y las entrañas. Tú puedes verlo. En sus versos, la mirada abarca el mundo, y la memoria abraza el tiempo: lo pasado y lo presente, lo pasado en lo presente, lo presente sin futuro. Crónica de pérdidas y ganancias, de renuncias y fortalezas, gracias a la luz de la palabra. *He soportado la oscuridad / y la montaña helada, / de pie. // También una brisa leve / me ha tumbado. // Sin duda, esa es mi fortaleza.* Arantxa busca un imposible, su infinito, y desde su voz sueña con recrear la vida. *Sombrero de nubes* es un viaje y es un árbol, tres ramas se abren con sus

9

hojas a los cielos, desde las raíces profundas asciende la savia hasta la luz. Cada rama posee un nombre, *En cualquier parte, Huellas* y *Sobre la lluvia*, su sombra nos acoge y es única. Y allí acaece el viento y el canto de las aves, el sol y las tempestades del mundo. Desde el amor a la palabra, estas tres ramas configuran un todo, lo absoluto. También una manera de estar, de ser, de vivir. De desaparecer.

La primera rama

En cualquier parte. Mirada atenta, pensativa, sobre lugares donde se hospeda el misterio y el alma se estremece. Lo que vemos es lo que somos, todo son paisajes del corazón, por eso lo escribimos. Pasado o presente da igual, memoria o constatación, caricias o golpes del amor se encalan siempre en su puro sentir para decirse, para afirmar frente al silencio que existimos y que nos salva la belleza. La palabra de Arantxa Esteban sobrevuela, así, sobre los territorios hermosísimos y erosionados de la vida, y roza con sus alas las sombras y la luz del mundo, los espinos y las rosas. Escritura donde las fronteras entre lo real y lo evocado, entre la creación y la vida se diluyen, como sucede con qué vértigo en el poema *Le penseur de Rodin*, donde su padre y la escultura del pensador se funden gracias a los metales puros del amor y el arte. Mundos aparte donde *desaparecer así, / para acabar con todo, / para empezar de nuevo.* Disolución del yo para nacer a una luz nueva. Poesía y testimonio que se afirman con libertad en su clausura y en la valentía de sus pasos. *La conciencia de soledad / me atraviesa el costado.* Búsqueda, después del desierto, de unos brazos de agua, aproximación al rumor de la fuente llamada deseo. *Déjame un camino/ hacia tus brazos de agua.* Luz y sombras para saber quiénes somos en los acantilados. Lugares de la perplejidad, sin respuesta. Palabra que celebra en la intemperie su alianza con la vida. Comunión en cuerpo y alma con el mar y con el bosque, donde cerramos los ojos, donde a veces nos puede crecer un lirio en el pecho.   La naturaleza, así, nos convoca y nos acepta, es un templo.   Una mujer anda y se detiene, mira a lo lejos, y es nadadora en el inmenso mar, hacia el fulgor de lo profundo.   Cuerpo vivo, a flor de piel, que se inclina para acariciar la hierba, para palpar la roca, para admirar la noche, para acercarse al árbol y abrazarlo, para escribir su canción. La naturaleza, el gran tema, cómo no, el lugar sagrado.   *Siento al árbol / madre, padre, / piel del mundo. // Soy árbol cuando abro los brazos / y respiro.*

La rama segunda

Huellas. Esta rama del árbol es un memorial del amor, huellas imborrables en el corazón, pasos perdidos en la niebla, encuentros y despedidas, versos desnudos como huellas profundas en el arenal del mundo, testimonio del estremecimiento que deja sus huellas en el corazón. *Te noto latir dentro de mi cuerpo, / todavía estoy viva. / Yo que me creía ausente de ti.* El cuerpo es el alma, eso es verdad. Igual que nuestros pasos en la tierra, los abrazos y los golpes dejan huellas o heridas, cicatrices perennes de dicha y de dolor. Poesía como aliento, como alcance y unión, como expresión de la entrega. Esta voz aquí nos ofrece unos versos que constatan su manera de ser, versos que abren puertas para que corra el aire, para que entre la luz en la costumbre y el amor trascienda. La belleza, ahora, se nos da en el otro o en su evocación, en la música de los encuentros y las despedidas. Los abrazos son huellas sobre la alegría de la carne, y su carencia nos duele, nos expulsa del paraíso. Versos descalzos para expresar las razones del beso, las puras ansias de vida. No tenemos mucho más, por eso cantamos. Conciencia y erotismo arden en la lumbre de estos poemas, y nos dicen que solo en el amor llegamos a conocernos. *Hemos compartido el latido, / ese que sincronizado un instante / justifica una vida.* En la orilla apartada, cuando miramos y se nos mira, no estamos solos, todo nos convoca a la plenitud y la gracia. Estas líneas son huellas, son memoria agradecida del pesar y del placer, por esos sus versos en la frontera se desnudan. Huellas de agua en la tierra que no se borrarán, y huellas de sed, es todo lo que queda, y la rosa de un quebranto. *Desde la orilla secreta / qué profundidad de agua se intuía,/ el sol nos deslumbraba en lo más alto.* Labios como espadas, y la palabra herida, la profundidad del agua, las caídas del amor. En *Sombrero de nubes,* nuestra poeta es una tejedora de palabras, su tapiz antiguo son las huellas hondas de la vida. *Qué misterio esquivo. / Qué palabras, tantas, / ¡y cuántas detenidas en su vuelo! / Abrazado a mi espalda, como náufragos, / sabiendo con dolor de certeza/ la espada, el final, / la herida.* Gratitud y dolor, surcos en las arenas del corazón. Un cántico de amor, de abrazos y adioses que nada reprochan. Una crónica emocional de días y noches recobrados, de huellas y caminos, de abismos y cumbres. Versos amadores que son más que el desconcierto. Huellas de luz en nuestra piel. *Recordaba el amor, aquel amor, / y eso llenaba el paso de las horas, / tanto que el recuerdo/era otra forma de presente, / como lo es el recuerdo del recuerdo/de aquel amor.*

La última rama

Sobre la lluvia. Poesía encalada en la rama más alta, lo imprescindible, en lo que nos afecta y nos incumbe, nos aúpa o nos derriba. *Pues tan solo la vida me esperaba / hoy.* *¡Y es tanto!* Asombro y estupor ante la realidad, y una honda gratitud ante la vida. Desiertos, guerras y humaredas, la opulencia con sus oros, la decepción ante lo humano, la falta de aire y la necesidad del vuelo, las derrotas, la soledad de los mil rostros, la niebla y los perros, la ternura, todo cabe en estos versos dolientes, los paisajes arrasados que aún pueden florecer. En *Sobre la lluvia* encontramos su voz más rebelde y social, y un clamor hecho canto que se apiada, una lluvia sucia cayendo sobre la tierra maltratada, sobre una humanidad sin leyes ni dioses. *Cuesta reincorporarse / al mecanismo oxidado, / dejar cierta paz de violetas / y volver, / ¿volver a dónde?* Versos en defensa de la vida, con un aliento moral que reivindican, frente al sufrimiento y la destrucción, la bondad y la ternura, el camino humilde y el agua clara. Lluvia que lava nuestro rostro, lluvia gramatical que nos ofrenda su canción recóndita. Miradas y nostalgias y versos en busca de la luz, deseo de ser la luz que alumbra al mundo. *¿Cómo atrapar la luz/ con estas manos? / Cómo abarcarla sin que huya, / sin que se me oponga, / cómo hacerla mía, ser yo. / Cómo ser parte de esa luz, / y ofrecerla.* Poemas, aquí y ahora, que persiguen la serenidad en días convulsos, y que no pueden creer, que desconfían y a la vez son entrega, memoria y exaltación de la belleza y del amor que nos justifican.   *Esa belleza que no grita/se posa en el corazón, / y despierta el mundo.*

José Iniesta
Oliva, 2 de julio de 2025

PARTE I
En cualquier lugar

DE AZUL Y NUBES

El arte evoca el misterio, sin el cual el hombre no existiría.

RENÉ MAGRITTE

Qué dicha estar sentados
en este viejo puente
contemplando la noche.
Azul
como el agua encendida
por la luna,
o las flores pequeñas
de todos esos cuadros
que tú me mostrabas.
Como el velo de un tocado,
un acantilado azul
y el azul de los caminos.
Como esa ola japonesa
o ese beso secreto
tras la ventana.
Azul como tú,
hombre con sombrero
hecho de nubes.

El título

Las palabras que no he dicho,
pacificadas, descansan
en el limbo en el que luz
y sombra se dan la mano.

ÁNGEL CRESPO

Cautivo de la idea
se perdió el nombre
en *la plaza de los Artistas,*
junto a un libro de piedra
y el aroma a lavanda.
Iba a ser el título de este libro
o de uno tuyo,
y prefirió quedarse como prenda
de la desmemoria,
como enigma acogido en el aire,
donde *luz y sombra se dan la mano.*

MI FORTALEZA

He soportado la oscuridad
y la montaña helada,
de pie.
También una brisa leve
me ha tumbado.

Sin duda, esa es mi fortaleza.

CUALQUIER VIDA

Miro tras las ventanas de las casas
y vislumbro la vida entre penumbras.
Observo las moradas más humildes
con portales al viento que chirrían,
las torres de edificios que se yerguen
con relatos guardados en sus muros.
Me entretengo en mansiones con jardines,
un perro me saluda con la cola.
¿Quién olvidó la carta en el buzón?
¿Quién una lámpara encendida?
¿Quién la ropa tendida de sus sueños?

Podría estar mi casa en cualquier casa,
podría ser mi vida cualquier vida.
Qué tipo de conjuro nos asocia,
qué detalle marcó nuestro destino,
qué voz nos sobrepasa y nos pregunta.
Las respuestas perdieron su futuro.

MITOLOGÍAS

Hay derrotas que tienen más dignidad que una victoria.

JORGE LUIS BORGES

Tengo una amiga poeta
que una vez
conoció a un fauno.

Yo me enfrenté a una hidra,
la serpiente de nueve cabezas.
Perdí.

Perdimos.
Una victoria con trampas
también es una derrota.

Café con hielo

Recuerdo la *Bañista* de Picasso
tan suya, tan verde, tan asimétrica
tan a trazo de dedo dibujada,
vital como si la pintara un niño.
Desde esta plaza el aroma del mar,
la catedral miro a través del hielo,
pero tan solo el tiempo se derrite
con él y se transforma.
Juego con el limón entre los dientes,
un escalofrío de siglos
de vidas ya cumplidas me recorre.
Un vuelo de palomas.
La paz me pertenece algunas tardes.
Apuro el café del tiempo.

LE PENSEUR DE RODIN

Por la puerta entreabierta,
cuando la noche persiste en su afán
de ser noche y larga,
un hombre pensante
sujeta la barbilla en su mano,
mi padre, sentado al fondo.
Desearía ahora preguntarle
sobre ese peso que soporta,
su desvelo.
Hubiera querido que me enseñara
el verbo contar
los problemas
al otro.
Pero él tampoco sabía,
era el *Pensador* de Rodin
encerrado en su bronce.

JAULA

La jaula se ha vuelto pájaro.

ALEJANDRA PIZARNIK

El módulo de aislamiento,
el peor lugar en una cárcel.
Cuántas veces nos sentimos cautivos
en una estancia
de incomunicación.
Cuántas veces la jaula
no se vuelve pájaro.

Y eso es mío

A mi padre, in memoriam.

Oh, qué amor tan callado, el de la muerte.

G. A. Bécquer

Besé su cuerpo aún caliente,
y con celo guardé
su último atisbo de vida.

Tras besarle,
lo acogió el silencio
en su regazo sin nombre,
en su misterio indecible.

Ya tanto tiempo y aún queda
el temblor de su partida
entre mis labios,
porque yo lo besé,
yo guardé su calor
en su noche verdadera.

Y eso,
eso es mío.

Mundo aparte

Cantaban las voces del coro
música antigua,
en un palacio
o en la iglesia del algún monasterio,
o no sé en qué ciudad de hechizos
amurallada en su dicha.
Y qué cielo
creaban con sus voces,
y qué mundo aparte
donde solo música y silencio
existían
en un orden nuevo.

Nos unen las sombras

Somos polvo y sombras.

Horacio

Habitar la sombra,
contemplarnos en ella,
en sus formas, su capricho.
Sombras grandes, pequeñas, duda,
deformadas, difusas, centro, nada.
De la misma materia todas las sombras,
la tuya, opresor, oprimido,
las hojas de mi jazmín, tu perro,
las geometrías inventadas de una casa.
Esa materia donde nos proyectamos
no distingue,
la sombra nos une a todos con todo.

COM-PARTIR

Nuestros amigos son vuestros amigos.
Y sucedió
que se partió la frase
                        por la mitad,
y las palabras cayeron letra
a letra.

DESAPARECER

Tienes un deseo: morir. Y una esperanza: no morir.

ALFONSINA STORNI

Desaparecer,
como lo hace un pez
que sube un momento a la superficie
y luego se hunde
en nadie conoce qué profundidades.

Desaparecer,
como lo hace el eremita
que parece que sabe adónde va
o dónde hallarse
y luego se pierde en la altura azul.

Desaparecer así,
para acabar con todo,
para empezar de nuevo.

EL ÁRBOL

A José Iniesta.

La naturaleza es la fuente de toda sabiduría.

SÉNECA

Me aproximo al árbol,
lo percibo anclado a la tierra,
a lo humilde, a lo profundo.
Pero su signo es crecer,
crece el árbol hacia lo alto,
sus ramas
rozan los volúmenes del aire,
besan las capas de la luz,
se entregan al silencio oculto
de su lenguaje.
Abrazo al árbol y su derrota,
su determinación tras el incendio,
abrazo su sed que es la mía,
el viento que nos zarandea,
el rayo.
Siento al árbol
madre, padre,
piel del mundo.
Soy árbol cuando abro los brazos
y respiro.

QUEDÓ EL POETA

A Francisco Brines, in memoriam.

Somos el misterio que existe entre dos nadas.

FRANCISCO BRINES

Murió la carne,
la que goza
la que sufre
la que precisa descanso.

Quedó el poeta,
escrito en cada uno de sus versos,
aroma en cada una de sus rosas.
Entre sus dos nadas,
¡cuánto!

PLAYA DE OTOÑO

La arena mojada, bajo los pies,
y la pradera de algas, rozándote,
te trasladan al principio o al fin
de un mundo antiguo.
Algún campista con su perro
y tú te preguntas qué haces aquí,
en este paseo de gaviotas
y este reducto años setenta
algo descuidado.
Y no sabes.
Parece que dejas huellas
pero vuelves la cabeza y no,
solo permanece la voz del mar.
Como en un templo románico
este susurro de caracolas
te invita a recogerte
a cerrar los ojos...
Un rezo de la naturaleza,
un lirio que en el pecho se abre.
Quizá sea eso.

La única valiente

No soy nadie sin mí,
sin mí nada ofrezco.

La conciencia de soledad
me atraviesa el costado.

Nadie puede rescatarme de mí misma,
soy la única valiente que me queda.

TUS BRAZOS DE AGUA

Tras mi desierto solo hallo
espejismos de lluvia,
ni manantiales, ni arroyos
brotan para los labios.
Enséñame el camino
hacia ese oasis que intuyo,
para este yo sediento
que se hunde en la arena,
consumido por una búsqueda.

Déjame un camino
hacia tus brazos de agua.

BRISA

Sentir el aire, sus dominios,
desde el sofá
los gatos
la noche.
Brisa suave, sigilosa,
que topas con las cortinas
y no mueres en ellas,
también quiero ser aire,
no llamas hacia dentro,
barrera, frente, círculo.

Aire, viértete entero,
hazte mío y tómame,
preciso respirar,
desterrar de mi patio
las luces apagadas.

Pensamiento desnudo

Quiero una luna contigo.
Pensé.
O quizá... todas.
Y solo fue:
algo que nunca te dije.

Soy arena

Arena, reposas de tu andadura
en un lecho de agua marina.
Fuiste coral, concha, arrogante roca.
¿Qué mundos recorriste? ¿Cuántos viajes
hasta esta aceptada quietud
en que te solazas?

Yo también soy arena,
enséñame tu paz.

Flor del almendro

La delicadeza sintetiza lo bello.

José M. Eguren

De todas, la preferida,
la que sutil se muestra en el valle,
es la flor del almendro.
Cuando la brisa libera sus flores
y llueven sus pétalos despacio,
me parecen uñas pintadas
que rasgan apenas el aire
para desconvocar el invierno.

Esa belleza que no grita
se posa en el corazón,
y despierta el mundo.

HA VENIDO EL VIENTO

Ha venido el viento
a hacer limpieza general,
a barrer las plazas,
a pulir el aire.
Ha venido el viento
y ha puesto a bailar
a los árboles
y su carne de naranjas,
a los coches
en sus pistas de baile,
a los locos
con su pelo de espantos.
Ha venido el viento
y ha recluido a los niños
en sus casas,
ha abierto y ha cerrado
todas las puertas
a su antojo,
ha puesto a vibrar
la vajilla,
a silenciar nuestras voces
con la suya.
Y ha levantado las olas
en su nombre,
ha hinchado las velas
para presentarse.
Y en su lenguaje ha dicho
lo pequeños que somos
a su paso.

PARTE II
Huellas

El margen

Todo ocurrió en el margen,
en la despedida y su protocolo,
saliendo ya, en el umbral de la puerta,
en ese instante en que los ojos bajan
para sellar los adioses.
Todo ocurrió
en la comisura de los labios
de ese beso desviado.

Corazón

Te noto latir dentro de mi cuerpo,
todavía estoy viva.
Yo que me creía ausente de ti.

VINISTE

Llevabas
una tableta de chocolate
y un libro,
y tus ojos sembrados de luz.
Llegaste
a la hora en que los lobos
se convierten en hombres,
cuando la razón
se bebe una copa
y apuesta fuerte.
Viniste.
Y abrí la puerta.

CUANDO EL BESO

El beso es un lenguaje que habla sin palabras.

OCTAVIO PAZ

En el beso los labios
son pétalos de algún volcán,
y una esencia emerge de la raíz
mientras la lengua juega a la conquista
o al dulce abandono.

Es bonito mirar tu boca cerca
de muy cerca
cuando el beso,
y también tus ojos que chispean
entornados.

El beso es ojo y labio y lengua
y es aliento que invoca todo origen.
Ansia de vida en el beso.

SIETE BOTONES

Pensaba en cómo te desabrochaste
tu blanca camisa,
en nuestro beso sediento en la puerta
en tu dedo sorprendiendo mi espalda.
Diosa la luna de cuarto creciente,
aún suena tu canto
cuando el sol despunta.

TUS HUELLAS

Las huellas de tus pies tras la ducha
son de quien no mira atrás
o del que huye.
Pero a veces se demoran
y son islas, que en el suelo brillan,
asimétricas como los sueños.
Marcan tus pies un dibujo de agua,
abierto, acogedor,
ventanas al mundo, al asombro.
Son grandes tus huellas
y dejan un rocío de signos,
un lenguaje húmedo
difícil de interpretar.
Tus huellas hablan idiomas.
Las huellas de agua en el suelo
es lo que tengo de ti.

La herida

Desde la orilla secreta
qué profundidad de agua se intuía,
el sol nos deslumbraba en lo más alto.
Qué misterio esquivo.
Qué palabras, tantas,
¡y cuántas detenidas en su vuelo!
Abrazado a mi espalda,
como náufragos,
sabiendo con dolor de certeza
la espada, el final,
la herida.

LA NIT (BLUE MOON)

Sola està la nit quan tot el món descansa,
sofrint sense esperança...
(VERSIÓN CORAL)

Hemos compartido el latido,
ese que, sincronizado un instante,
justifica una vida.
Hemos respirado juntos
al son de quien amanece colmado.
Y cuántos soles
han destilado nuestros ojos.

Pero me voy, amor,
porque la noche
está sola y silenciosa.

Y me duele.
Y me dueles.

Para salvarme

Huyo de mí al verte,
contengo las palabras y el temblor,
me alejo de la que te necesita.

No quiero caer en el sinsentido
de alcanzar la llama, pero no la luz.
Quizás estoy a tiempo de salvarme.

MIENTRAS DUERMES

La camiseta
ceñida a tu cuerpo
desprende un calor
tuyo
hacia mí
que intento retener
con las manos
mientras duermes,
para hacerlo mío,
el calor,
para no olvidarlo.
Una bandada de pájaros antes,
un remanso de agua ahora.
Tú y yo
solos,
íntimos,
irrepetibles
en este instante.
Y la música
que viste el espacio
para mí,
porque la pienso ahora,
la música,
mientras rozo
de forma furtiva
tu camiseta de algodón,
y permanece en el aire
un no sé qué de luciérnagas.

OTRA FORMA DE PRESENTE

Todo recuerdo es presente.

NOVALIS

Recordaba el amor, aquel amor,
y eso llenaba el paso de las horas,
tanto que el recuerdo
era otra forma de presente,
como lo es el recuerdo del recuerdo
de aquel amor.

SALIR A OSCURAS

Me voy marchando,
abandono lentamente
nuestro círculo.
Sobrevivir implica
desertar del imposible,
dejarse ir,
apagar las velas íntimas,
precipitar la pérdida.
Sobrevivir implica
sobremorir,
guardar el aire,
dejar que muera la belleza
del nosotros,
abandonar esa otra luz,
salir a oscuras.

Por eso respiramos

Dónde va la poesía que no se escribe,
que perece en los labios desmayada
o tras el sueño, se olvida.
Nadie piense que huye,
que es alma sin dueño
o extinta luz.
Esa poesía queda en el aire,
por eso respiramos.

Casi

La inevitabilidad del beso,
la casi inevitabilidad del beso.
Sobrevivo en ese casi
cuando estoy contigo.

PARTE III
Sobre la lluvia

Lo imprescindible

Hoy ha sido muy raro levantarme
pues tan solo la vida me esperaba.
Y es tanto...

He tomado las riendas de este día,
no he prestado atención al enemigo,
no he dado de comer al perro negro.
He rezado eso sí para los otros,
para aquellos que luchan en los frentes.

Luego el cielo, sus nubes y su luz,
y en mi ventana
cantos de pájaros que ayer no oía.
Pues tan solo la vida me esperaba
hoy. ¡Y es tanto!

DÍAS DE HUMO Y TIERRA

Estos días, una ceniza espesa
cae lentamente sobre las ciudades
y un vendaval de arena nos señala
que el desierto está cerca, acechándonos.
Respiramos humo y tierra
que no es más que lo que somos
y lo que seremos.
No sabemos qué hacer
con un peso tan profundo,
con tanto abrazo a uno mismo
y tanto beso hacia dentro.
Habrá que unir nuestras voces,
recuperar la piel...
Si la soledad persiste
está cerca la caída.

CUESTA RESPIRAR

Nos ahogan
las guerras, sus imágenes,
las mujeres presas en sus túnicas,
la opulencia junto a la miseria,
la vuelta al pasado oscuro.
Nos invade
la decepción hacia lo humano.
Los ojos apenas pueden decir
lo que sienten o lo que ya no sienten,
una antigua pena
de humanidad descarriada se oculta
en nuestro ir y venir perezoso,
una enredadera se teje dentro,
la fuerza de la gravedad insiste.
Cuesta respirar en esta gran bolsa
en la que hemos entrado.
Son instantes esos
en los que no te levantarías,
como cuando tú escribiste
Hibernación en Bilbo.
Te volveré a leer.

Soledad interior

¿Por qué tus raíces han crecido
dentro de mi cuerpo?
¿Quién te indicó mi nombre?
¿O te cogí por pena
para que no anduvieras loca
de ti misma?
Me apiado de ti,
soledad de los mil rostros,
¿y así me respondes?

La mayor soledad

El límite de cualquier dolor es un dolor aún mayor.

E. Cioran

La soledad más grande
no es la que lleva implícita la muerte,
ni siquiera la soledad tan árida
de quien muere sin un abrazo.
La mayor soledad pertenece
a quien muere y a nadie importa,
y en su lucidez última, lo sabe.

DUELO

Cómo recomponerse tras los muertos,
cómo ante tantas olas desnortadas,
ante esa impotencia
que viene con el aire.
Respeta el duelo,
su aposento de barro silencioso,
su intermitente lluvia que no sabe
dónde va,
mas no perseveres en sus brumas,
haz tuyas las flores,
búscalas dentro,
y encuentra la ternura que te debes.

PUENTES DE BRISA

Ha venido abril con el dicho a cuestas
con un brillo nuevo tras la lluvia,
quizá de tus ojos que apenas recuerdo.
Tus palabras escritas
son eclipse y son pulmones.
Tu voz es fruto de otra dimensión
que ahora descubro,
que casi toco, pero no.
Desconozco tu abrazo,
pero soy un puente de brisa
cuando pienso en vos.
Enclaustrados en sendas torres,
sé que vamos a delinquir
para besarnos.

VOLVER

Tras nuestro recogimiento
la vida otra vez espera,
con las manos frías,
con la agresividad del grito,
con la angustia del hombre
y sus circunstancias.
Cuesta reincorporarse
al mecanismo oxidado,
dejar cierta paz de violetas
y volver,
¿volver a dónde?

SOBRE LA LLUVIA

Se adormece tu tarde en el silencio,
la lluvia es una melodía suave.
¿Y ahora qué?
¿Hacia qué parte de la lluvia?
Te concentras en la caída leve,
en el agua sola, en estar, sin más,
sin concesiones a la melancolía.
Te abandonas
a la única parte asumible,
la del asombro ante la lluvia
y su sosiego.
Todo está bien, entonces.

LA BELLEZA NO ES EFÍMERA

Cada cosa tiene su belleza, pero no todos pueden verla.

CONFUCIO

Hoy he pensado en las rosas,
en el canto reiterado
a la belleza efímera.
Pero la belleza también es
el silencio de las catedrales,
la nieve perpetua,
la memoria del mar,
y todo ese tiempo, tiempo
que la sabiduría precisa.
La belleza es
el calor acumulado en las manos,
la hondura que se aloja en otros ojos,
lo que un abrazo puede contener.
La belleza
no es exclusiva de las rosas,
no es efímera.
Y ya muchos lo sabemos.

BÚSQUEDA DE LUZ

¿Cómo atrapar la luz
con estas manos?
Cómo abarcarla sin que huya,
sin que se me oponga,
cómo hacerla mía, ser yo.
Cómo ser parte de esa luz,
y ofrecerla.

SI YA NO CREO

Y si ya no creo en la poesía;
si de pronto los libros no me hablan,
no me dicen;
si ni siquiera los estoicos
me ofrecen consuelo;
si miro el mar
y solo es un cuerpo de agua salada
y las montañas siguen impasibles
en su lejanía;
si no hay música
ni cielos encendidos
ni luna
ni nadie...
¿Entonces?
Si así fuera,
entonces, ni yo.

AGRADECIMIENTOS

Querría agradecer a quienes, de una u otra manera, me han ayudado a sacar adelante este libro. A José Iniesta, por el poético prólogo que me ha escrito, y por todo el cariño y la dedicación con los que me ha ayudado a mejorar mi poemario. También agradezco el apoyo y sus acertados e imprescindibles consejos, a Juan Luis Bedins, a José Antonio Mateo Albedo y a Vicent Guillem. A Tomás Galindo, por poner su magnífica voz a mis poemas, sin pedírselo y sin conocerlo personalmente. A todos los que están ahí, amigos, divulgadores y asociaciones que crean espacios para la poesía.

Por supuesto, gracias a Toni Alcolea por acogerme en la editorial Olé Libros, y a Loli Lara por su buen hacer en todo este proceso.

ÍNDICE

Parte I. En cualquier lugar

Parte II. Huellas

Parte III. Sobre la lluvia